MINISTÈRE DE L'INTÉRIEUR.

BUREAU D'AGRICULTURE.

Paris, le 9 Fructidor, an 5 de la République française, une et indivisible.

Le Ministre de l'intérieur,

Aux Administrations centrales des Départemens de la République.

JE suis informé qu'une maladie, d'autant plus funeste qu'elle est contagieuse et regardée jusqu'à présent comme incurable, que la morve exerce ses ravages dans une très-grande partie de la République ; que les postes, les messageries, et généralement toutes les entreprises nationales ou particulières dont le service exige de grands rassemblemens de chevaux, éprouvent sur-tout les effets de ce fléau, qui commence même à s'introduire dans les écuries des cultivateurs ; que la rapidité de sa propagation est due à l'imprévoyance des propriétaires, à l'insouciance de plusieurs administrations, et à l'oubli absolu des lois rendues sur cet objet, lois qu'on regarde comme

1

abolies ou au moins comme tombées en désué-
tude, quoiqu'elles n'aient été abrogées par aucune autre loi particulière. Effrayées des funestes
effets de cette calamité, quelques administrations
ont pensé que le moyen le plus propre à en ra-
lentir la marche, était de faire revivre, dans des
arrêtés, les dispositions des anciennes lois; quelques autres se sont crues autorisées à prendre
de nouvelles mesures. Toutes, sans doute,
tendent au même but; toutes attestent le zèle
éclairé des administrations qui les ont prises:
mais il en résulte une variété, une disparité
propre à jeter de la confusion dans des dispositions dont le succès tient sur-tout à leur sim-
plicité, à leur uniformité.

Dans l'impossibilité d'obtenir, aussi prompte-
ment que l'exige les besoins, une loi qui réunît
ce double avantage, j'ai porté mes regards sur
les lois anciennes. J'ai reconnu que les ordon-
nances des anciens intendans de Paris, des
1.er juillet 1730 et 8 juin 1785, et sur-tout
l'arrêt du ci-devant Conseil d'état, du 16 août
1784, qui a recueilli les dispositions de ces or-
donnances, présentaient toutes les mesures dont
en pouvait se promettre la cessation d'un fléau

d'autant plus redoutable , qu'il attaque celle de toutes les espèces que les besoins dévorans de la guerre ont le plus diminuée.

J'ai donc pensé qu'il suffisait, pour le moment, de rappeler ces dispositions , en les adaptant aux nouvelles formes administratives qui ont pris la place des anciennes.

Aux mesures de rigueur exigées impérieusement par la loi, j'ai cru devoir ajouter un exposé de celles que les hommes de l'art ont , jusqu'à présent , jugées les plus propres sinon à guérir cette maladie lorsqu'elle est développée , au moins à en prévenir le développement, lorsque les animaux ont été exposés à en recevoir les germes.

CHAPITRE Ier

MESURES ADMINISTRATIVES.

ARTICLE Ier

TOUT citoyen, quelques fonctions qu'il remplisse, qui aura des chevaux atteints ou soupçonnés de *morve* , ou même de toute autre maladie contagieuse, telle que *le farcin , le charbon , la rage , le claveau , &c.* est tenu , *à peine de cinq cents francs d'amende*, d'en faire sur-le-champ sa déclaration à l'agent municipal de sa commune, qui fera visiter sans délai les animaux affectés ou suspects, par l'expert vétérinaire le plus prochain, lequel se transportera à cet effet dans les écuries, étables, bergeries, pour constater l'état des animaux déclarés. *(Art. 1.er de l'arrêt du ci-devant Conseil, du 16 août 1784.)*

I I.

Les administrations centrales de département sont autorisées à nommer autant d'experts qu'elles le jugeront à propos, pour procéder auxdites visites : elles doivent les choisir de préférence parmi les élèves des écoles vétérinaires, et, à leur défaut, parmi les maréchaux dont elles connaissent la capacité. *(Art. II id.)*

I I I.

Les experts désignés sont tenus de prêter leur ministère, toutes les fois qu'ils en seront requis par les membres des administrations centrales, des administrations de canton, par les commissaires du Directoire près les unes et les autres, par les agens des communes et les officiers de gendarmerie, pour examiner les animaux suspects. Ils se transporteront, à cet effet, dans les marchés publics et dans les écuries des maîtres de poste, des entrepreneurs de messageries ou roulages, des loueurs de chevaux, et même des particuliers qui leur auront été dénoncés comme ayant des animaux atteints ou suspects de maladie contagieuse. Ils sont tenus, dans ce dernier cas, à se faire autoriser par le juge de paix et accompagner de l'agent de la commune ou d'un officier municipal. *(Art. III id.)*

I V.

Il est défendu aux particuliers chez lesquels les experts se présenteraient ainsi accompagnés, de leur refuser l'entrée de leurs écuries, et de s'opposer à ce qu'ils dressent le procès-verbal de leur visite : les parties intéressées peuvent y insérer tels dires et réquisitions qu'elles jugent à propos, et sur lesquels il doit être statué, sans délai, par le juge de paix qui aura autorisé la visite. *(Art. III id.)*

V.

Il est défendu à tous vétérinaires, maréchaux et autres guérisseurs, sous quelque dénomination que ce soit, de traiter aucun animal attaqué de la morve ou autre maladie contagieuse, sans en avoir fait sa déclaration à l'agent de la commune, qui est tenu d'en donner avis au commissaire du Directoire près l'administration de canton, qui doit lui-même en instruire l'administration centrale de département, sous peine pour les uns et les autres d'être rendus personnellement responsables de tous dommages qui pourraient résulter de leur négligence. *(Art. IV et XI id.)*

V I.

Les animaux suspects de morve ou autre maladie contagieuse, doivent être marqués, et tenus dans des lieux isolés et séparés de tous ceux qui contiennent des animaux de la même espèce; il est défendu, sous la même peine d'amende, de les laisser divaguer dans les pâturages communs. *(Art. IV id.)*

V I I.

Les chevaux reconnus attaqués de la morve, et les autres bestiaux affectés de maladies reconnues incurables par les experts, doivent être abattus sans délai, ensuite ouverts en présence de l'agent municipal, lequel en dressera procès-verbal, qu'il fera passer à l'administration centrale. *(Art. V id.)*

V I I I.

Les chevaux morts ou abattus à la suite de la morve, et les autres bestiaux morts de maladies contagieuses pestilentielles, doivent être enterrés, avec leur peau tailladée, dans des fosses de dix pieds de profondeur, qui ne peuvent être ouvertes qu'à la distance de cent toises au moins de toute habitation. *(Art. VI id.)*

I X.

Les écuries dans lesquelles ont séjourné des chevaux morveux, seront aérées et purifiées à la diligence des agens des communes et des experts vétérinaires désignés; les équipages, harnais, colliers, &c. doivent être désinfectés : on sera tenu enfin de se conformer à tout ce qui sera prescrit par les experts, pour prévenir le retour de la maladie; le tout sous peine de cinq cents francs d'amende. *(Art. VI id.)*

(7)

X.

Il est fait défenses, sous la même peine, à tous
marchands de chevaux et autres, de détourner, sous
quelque prétexte que ce soit, vendre ou exposer en
vente dans les foires, marchés, ou par-tout ailleurs,
des chevaux ou bestiaux atteints ou suspects de *morve*
ou autre maladie contagieuse, et aux hôteliers, caba-
retiers, aubergistes, laboureurs et autres, de recevoir
dans leurs écuries ou étables ordinaires, aucuns chevaux ou autres animaux atteints de semblables maladies. Dans le cas où il s'en présenterait chez eux, ils
sont tenus d'en faire aussitôt leur déclaration à l'agent
de la commune. *(Art. VII id.)*

X I.

Les administrations centrales sont autorisées à com-
mettre, dans l'étendue de leur ressort, tel nombre
d'écarrisseurs qu'il sera jugé nécessaire, lesquels pour-
ront seuls faire l'écarrissage et l'enlèvement des animaux morts ou abattus à la suite de maladies contagieuses , dans les arrondissemens qui leur seront
prescrits. *(Art. VIII id.)*

X I I.

Les écarrisseurs ne peuvent, sous peine d'amende,
de destitution, et même de peine plus forte s'il y a
lieu, vendre ou débiter aucune viande, provenant
d'animaux abattus pour être enterrés.

X I I I.

Toute personne est autorisée à dénoncer les contra-

4

ventions qui pourraient être faites aux dispositions relatives à l'existence de la morve et des autres maladies contagieuses; et le tiers des amendes, qui seront payées sans déport, appartient au dénonciateur, auquel il pourra même être accordé une plus grande récompense, à raison de l'importance de sa dénonciation. *(Art. X id.)*

X I V.

Les vétérinaires experts qui seront employés par les administrations, seront payés de leurs salaires sur les fonds assignés au traitement des épizooties.

CHAPITRE II.

DISPOSITIONS INSTRUCTIVES.

ARTICLE Ier

Caractères distinctifs de la Morve.

UN cheval est décidément morveux, toutes les fois qu'il jette par une seule narine ou par les deux, depuis un mois ou plus, une matière plus ou moins épaisse, sans éprouver d'ailleurs aucune autre altération dans sa santé et dans l'exercice de toutes ses fonctions.

Il est très-rare que la morve existe sans l'engorgement des glandes de la ganache, d'un seul côté lorsque le flux n'est établi que par une narine, des deux côtés lorsqu'il a lieu par les deux narines.

La membrane pituitaire qui tapisse l'intérieur des narines, est toujours plus ou moins enflammée du côté du flux ; assez souvent même elle est ulcérée.

Lorsque la maladie est très-avancée, il n'est pas rare que la narine ou les narines soient, en quelque sorte, crispées, tuméfiées, les os du nez boursouflés et soulevés, et les yeux larmoyans. Les glandes sont alors le plus souvent dures, adhérentes, douloureuses ; et la matière du flux épaisse, collante et colorée.

La permanence du flux, sans aucun autre signe maladif, est le caractère vraiment distinctif de cette maladie ; celui qui empêche de la confondre avec la gourme, la morfondure, la fausse gourme, qui n'existent jamais sans fièvre, sans dégoût, sans affaiblissement. C'est donc une erreur de ne reconnaître l'existence de la *morve* que dans la réunion du flux, de l'engorgement des glandes et de l'ulcération de la membrane pituitaire ; quoique ces trois symptômes l'accompagnent réellement assez souvent, sur-tout lorsqu'on la laisse parvenir à son dernier degré.

I I.

Causes de la Morve.

La morve est produite spontanément, ou elle est l'effet de la communication. Les fourrages altérés, l'exposition des chevaux à l'air froid, après une course violente ou un long exercice, la gourme mal jetée, une morfondure ou une fausse gourme négligées,

des maladies cutanées répercutées par des topiques
astringens, sont les causes les plus ordinaires de la
première.

La seconde est due à la communication des chevaux sains avec des chevaux affectés, et quelquefois
même, ce qu'on ne sait pas assez, de maladies diffé-
rentes de la morve, telles que la gourme, la morfondure, la fausse gourme, la vomique, et généralement
toutes les maladies dans lesquelles on observe le flux
par les naseaux d'une humeur sanieuse. Elle est due
encore à l'usage des harnais, selles, brides, brosses,
étrilles, éponges, seaux et autres objets qui ont été
employés à l'usage des chevaux atteints de la morve.

III.

Conduite à tenir à l'égard des chevaux suspects.

Les chevaux suspects sont de deux classes : la
première est composée de ceux qui donnent déjà
quelque indice de la maladie, tel que la toux, un
léger engorgement des glandes, un flux ou limpide
ou blanchâtre, la perte de l'appétit, la tristesse, &c.

La seconde comprend ceux qui, ayant commu-
niqué avec des chevaux morveux, ne donnent
encore aucun indice de cette maladie, mais peuvent
être soupçonnés d'en contenir les germes.

Le premier soin doit être de séparer les uns et les
autres d'avec les chevaux affectés, et de tenir dans
des écuries particulières et séparées les chevaux
suspects de chaque classe.

On s'empressera de passer à ceux de la première un séton au bas du poitrail, précisément entre les deux jambes; on leur fera prendre des fumigations de mauves bouillies, qu'on mettra dans un sac qui sera attaché à la tête de l'animal, de manière que le nez ne puisse toucher les mauves, qui le brûleraient : on tiendra, pendant quelque temps, ces chevaux au régime, à l'eau blanche; on leur donnera les alimens de la meilleure qualité; on les promenera doucement, et on les étrillera, bouchonnera, avec la plus grande exactitude, plusieurs fois par jour; l'objet qu'on doit se proposer étant de rétablir la transpiration, toujours plus ou moins suspendue dans cette maladie.

On se conduira absolument de la même manière avec les chevaux de la seconde classe qui ne donnent encore aucun signe de maladie; on s'abstiendra seulement du séton, qu'on s'empressera d'établir au plus léger indice du développement des germes introduits dans le sang.

On donnera du miel aux chevaux qui seront atteints de la toux : on fera, à l'aide d'une seringue, de fréquentes injections d'eau, légèrement vinaigrée, dans les narines de ceux dont la membrane pituitaire présentera quelques signes d'inflammation.

Si les glandes de la ganache sont tuméfiées, on les lotionnera fréquemment avec de l'eau tiède; on les couvrira d'un cataplasme de mauve, ou de seneçon, ou de feuilles de violettes, ou de mie de pain, ou de farine de seigle, qu'on maintiendra avec une peau de mouton, dont la laine sera tournée en dedans.

I V.

Conduite à tenir à l'égard des chevaux affectés.

La morve décidée ayant jusqu'ici résisté à tous les moyens employés pour la combattre, on ne doit point hésiter à faire le sacrifice des chevaux qui en sont atteints. C'est par l'oubli de cette mesure que ce fléau finit si souvent par affecter tous ou presque tous les chevaux des postes ou de toutes autres entreprises exigeant un grand rassemblement de chevaux.

V.

Désinfection des écuries et des ustensiles qui ont servi aux chevaux morveux,

Quoique la morve soit très-contagieuse, quoiqu'il y ait bien moins d'inconvéniens à prendre vingt précautions inutiles qu'à en négliger une essentielle, on doit cependant regarder comme une erreur funeste, l'opinion assez générale qu'on doit brûler tout ce qui a servi aux chevaux affectés de la morve. Cette proscription, beaucoup trop rigoureuse, est heureusement inutile, et ne fait qu'ajouter à la perte des animaux.

La partie du mur de l'écurie sur laquelle sont fixés le râtelier et la mangeoire, est la seule qui doive être nettoyée. Il ne suffit pas, comme le croient beaucoup de personnes, de la blanchir à la chaux ; la prudence exige qu'elle soit décrépie et recrépie à neuf, depuis le sol jusqu'à huit pieds de hauteur. Il suffira de passer simplement au lait de chaux le reste des murs de l'écurie.

Les mangeoires et les râteliers seront d'abord grattés très-soigneusement, puis lavés à l'eau bouillante et brossés avec des brosses dures ; on promenera ensuite sur tous les points de leur surface, des brandons de paille allumée, afin de calciner les particules virulentes qui pourraient s'être insinuées dans les crevasses, les fissures du bois. On aura grand soin, en procédant à cette opération, d'écarter de l'écurie tout ce qui pourrait faire craindre les ravages du feu.

La poussière, les toiles d'araignée qui se seraient attachées au plafond et aux fenêtres, seront balayées avec soin.

Si le sol de l'écurie est en terre, on l'enlèvera à la profondeur de quatre à cinq pouces, et on remplacera par de nouvelle terre celle qu'on aura enlevée, qu'on enfouira dans un trou assez grand pour la contenir entièrement, ou bien on la calcinera.

Si l'écurie est pavée, il suffira de laver à grande eau le pavé et de le ratisser très-soigneusement avec un balai de bruyère, ou de genêt, ou de bouleau.

Lorsque les chevaux morveux auront été pansés dehors, les murs dans lesquels seront fixés les anneaux auxquels ils auront été attachés, seront grattés et recrépis à quatre ou cinq pieds autour des anneaux, et les anneaux seront passés à la flamme.

On ne remettra des chevaux dans les écuries ainsi assainies, que lorsqu'elles seront bien sèches.

Relativement à la purification de tous les objets et ustensiles employés au service des chevaux, on aura pour règle générale, de passer au feu tout ce qui est en fer ; de lessiver tout ce qui est en corde ou en toile, de racler, laver, passer à l'eau seconde et à l'huile grasse tout ce qui est en cuir ; de blanchir au rabot tout ce qui est en bois ; de brûler enfin tout ce qui ne vaut pas la peine d'être conservé.

C'est à tort qu'on attribue aux fumigations aromatiques ou autres la faculté d'annuller l'effet du virus déposé sur les murs, les râteliers, les mangeoires, &c. La seule dont on puisse attendre quelque effet, est celle dont on doit la découverte au C.en *Guiton*.

On met sur des charbons allumés dans un fourneau, un terrine dans laquelle on a jeté une livre de sel de cuisine ; lorsqu'il est bien échauffé, on verse dessus une demi-livre d'acide vitriolique ; on se retire très-vîte, pour ne pas respirer les vapeurs qui s'exhalent de ce mélange ; on tient les portes et les fenêtres très-exactement fermées, et l'on n'entre dans les écuries que lorsque les vapeurs sont entièrement dissipées.

Lorsque l'écurie est très-grande, il faut plusieurs terrines, qu'on place à différens points ; ou bien,

on se borne à une seule qu'on place successive-
ment sur des points différens.

Voilà, citoyens Administrateurs, ce que j'ai recueilli contre le fléau de la morve. Je ne doute pas de votre activité à répandre ces dispositions et ces instructions; et je connais assez le zèle qui anime les tribunaux de police correctionnelle, pour compter de même sur leur empressement à réprimer les contraventions et les délits que vous leur ferez dénoncer. Le devoir de l'Administration est la prévoyance contre le mal qui peut arriver; le devoir de la justice est la sévérité contre le mal qui est arrivé. L'une et l'autre doivent se donner la main pour l'intérêt public; et c'est par cette harmonie entre les diverses autorités constitutionnelles, que le Gouvernement peut marcher à son but, qui est le maintien de l'ordre social et le bonheur du peuple.

Salut et Fraternité.

Le Ministre de l'intérieur,

Signé FRANÇOIS (de Neufchâteau).

À PARIS, DE L'IMPRIMERIE DE LA RÉPUBLIQUE.
Thermidor an VIII.